JN410397

정해성 유고시집

그대는 바람처럼 떠나가면 그만이지만

그대는 바람처럼 떠나가면 그만이지만

정해성 유고시집

1판 1쇄 인쇄/ 2023년 9월 20일
1판 1쇄 발행/ 2023년 9월 25일

지은이 / 정 해 성
펴낸이 / 우 희 정
펴낸곳 / 도서출판 소소리

등록 / 제300-2007-21호
주소 03073 서울 종로구 성균관로5길 39-16
전화 / 765-5663, 010-4265-5663
e-mail: sosori39@hanmail.net

값 12,000 원

*잘못된 책은 바꿔드립니다.

ISBN 979-11-5891-185-0 03810

그대는 바람처럼 떠나가면 그만이지만

정해성 유고시집

●
프롤로그

유고시집을 펴내며

정해성 선생님(남편)이 어느 날 갑자기 우리 곁을 떠난 지 벌써 2주기가 되었다.

처음 6개월간은 무엇을 해도 어디를 봐도 어디를 가도 무엇을 먹어도 낮이건 밤이건 그가 옆에 있었고 머릿속에 가슴속에 노래 속에, 드라마 속에, 컴퓨터 속에 나타나고 생각이 나서 목 놓아 울기도 하고 너무 빨리 너무 일찍 우리 곁을 떠난 그를 원망도 했다. 날 서운하게 했던 일보다 그동안 바쁘다는 핑계로 내가 잘 못해 준 것만 떠올라서 견디기 힘들었다.

유독 아이들을 예뻐하고 36년간 몸담았던 교직을 떠나면서도 못내 정년 단축된 것과 강사 제한 연한인 만 65세가 되었을 때는 "이제 학교도 못 가는 나이가 됐네."라며 아쉬워했었다. 그때가 2021년 8월 31일, 그리고는 한 달이 채 되기도 전에 잠자다가 홀연히 우리 곁을 떠났다.

그다음 1년까지는 남편이 마지막까지 놓지 못했던 작가에 대한 꿈을 이뤄 주고자 그가 남긴 작품들을 살펴보았다. 대학 시절부터 소설을 쓰고 신춘문예나 각종 문학상에 응모한 것은 가끔 표지나 제목 등을 상의해서 어렴풋이 알고 있었는데 시를 써놓은 줄은 전혀 몰랐었다. 무심하게도.

단편, 중편, 장편 소설들도 여러 편 있는데 이번에는 시집만 먼저 세상에 내보이고자 한다.

2주기가 되도록 미뤄진 것은 나의 직장생활로 바쁜 탓도 있었지만 시 속에 담긴 외로움과 아픔이 느껴져서 끝까지 읽기까지 오랜 시간이 걸렸기 때문이다.

이제 그도 남아있는 가족들이 씩씩하게 살아가길 바랄 것이라고 생각하며 조금은 담담해지려고 노력하면서, 온갖 역경에도 꿋꿋하게 정년까지 근무하시고 퇴임하신 선생님들과 뜻하지 않게 갑자기 헤어지게 된 모든 이들의 가슴에 오래도록 남을 시집이 탄생하기를 바란다.

2023년 8월

떠나간 남편을 그리워하는 아내 양은경

1. 교육지기

2. 사랑

3. 세월

4. 삶

1.

교육지기

교육지기

동호는 엄마가 없어
난 동호에게 가슴을 주었다

주원이는 구구단을 몰라
난 주원이에게 머리를 주었다

영이는 걸을 줄 몰라
난 영이에게 다리를 주었다

수연이는 겸손을 몰라
난 수연이에게 심장을 주었다

그래도 아직 난 두 팔이 남았는데
그래도 아직 난 사랑이 남았는데.

2020. 3. 15.

교정을 떠나며

밤새 고이 잠든 교정에
사랑과 열정을 불어넣으면
개나리꽃 같은 아이들은
주절주절 꽃망울을 터뜨리며
희망찬 하루를 시작합니다

담장을 뒤덮은 담쟁이 넝쿨 사이로
잔잔히 불어오는 미풍처럼
벤치를 뒤덮은 라일락 꽃그늘 밑으로
서서히 짙어가는 향기처럼
시간은, 시간은, 속절없이 흐르고

이제 인연의 끝에 다다라
헤어져야하는 아쉬움을
배롱나무 빨간 꽃잎에 감추고
저녁그림자를 길게 빼 문 채
이별에 이별을 고해도

수많은 성상을 함께한
내 가슴의 열정과 사랑은
사시사철 질푸른 소나무처럼
교정 구석구석, 교정 여기저기에
영원히 남아 있을 겁니다.

2020. 9. 18.

꽃길

화려한 월계관보다
십자가를 감수하며
아이들 교육에 평생을 바친 그대

과장된 언변보다
실천궁행을 강조하며
쓰러진 아이를 일으켜주던 그대

곧고 넓은 길보다
외진 오솔길을 고집하며
시들은 꽃잎에 물을 주던 그대

이제 부디 가지 않았던 길
아침햇살과 꽃향기만 가득한
꽃길로만 가소서! 꽃길로만 가소서!

아이들 걱정 잊어버리고
어깨춤 덩실덩실 거리며
꽃길로만 가소서! 꽃길로만 가소서!

2020. 3. 15.

님

구름에 가려진 햇살이 안타까워
어둠에 묻히는 노을이 안타까워

소금이 되어
등불이 되어

파도가 일렁이는 한 세상을
폭풍이 몰아치는 한 세상을

일편단심(一片丹心)
주야장천(晝夜長川)

삭이지 않는 열정으로 빛나게 사시던 님
꺼지지 않는 일념으로 환하게 사시던 님

영원히 우리 가슴속에
영원히 우리 마음속에

소금이 되었네
등불이 되었네.

2020. 9. 18.

스승

무심코 보내준 작은 웃음이
큰 격려로 다가가 용기를 키워주고
무심코 보내준 작은 눈빛이
큰 인정으로 다가가 겸손을 키워주고

무심코 보내준 작은 관심이
큰 배려로 다가가 감동을 키워주고
무심코 보내준 작은 정성이
큰 귀감으로 다가가 공경을 키워주고

무심코 보내준 작은 칭찬이
큰 신뢰로 다가가 희망을 키워주고
무심코 보내준 작은 마음이
큰 사랑으로 다가가 행복을 키워주고.

2020. 3. 15.

스승의 날

스승의 날은
카네이션 밑에서
민낯 드러내는 날

스승의 날은
카네이션 밑에서
존심 내려놓는 날

스승의 날은
카네이션 밑에서
한숨 토해내는 날.

2020. 3. 15.

아버지 마음

난 모른다 아버지 마음을
내가 세상으로 나왔을 때
내가 걸음마를 시작했을 때
내가 홍역을 앓고 일어났을 때
내가 글을 깨우쳤을 때
내가 초등학교에 들어갔을 때
입술을 씽긋씽긋거리며
아버지가 무슨 생각을 했을지

난 모른다 아버지 마음을
내가 첫 월급을 탔을 때
내가 며느릿감을 처음 보여주었을 때
내가 결혼 할 때
내가 첫 아파트를 장만했을 때
내가 첫 손자를 안겨주었을 때
입술을 빵긋빵긋거리며
아버지가 무슨 생각을 했을지

난 모른다. 아버지 마음을
내가 삶이 힘들다고 투덜댈 때
내가 알량한 용돈을 주며 생색낼 때
내가 왜 건강을 챙기지 못했냐며 나무랄 때
내가 요양병원에 버려두고 돌아설 때
내가 잘 가시라고 마지막 인사를 할 때
입술을 씰룩씰룩거리며
아버지가 무슨 생각을 했을지.

2020. 3. 15.

아버지

그 이름이 뭘 그렇게 찬란해서
그 존재가 뭘 그렇게 대단해서
그 책임이 뭘 그렇게 무거워서

불꽃같은 젊음과 열망은
모진 세파에
갈기갈기 찢기어진 채

허무한 체념 속에
뼛속까지 치며드는 외로움을
무거운 침묵으로 일관하시고

인고의 세월을
반향 없는
사랑만 베풀고 가신…….

2020. 3. 15.

어머니

사랑과 정성으로
자애(慈愛)를
다 주고

희생과 헌신으로
자애(自愛)마저
다 주고도

아직도 줄 게 남은
아직도 줄 게 많은
어머니의 빈 가슴.

2020. 3. 15.

응원

대신 아플 것도 아니면서
대신 힘들 것도 아니면서
어떤 묘안도 없으면서
어떤 대책도 없으면서

마음 편안히 가져
술술 잘 풀릴 거야
이렇게 공허한 말
백번 떠드는 것보다

따뜻한 눈빛을 보내주며
기다려 주는 것이
가볍게 어깨를 토닥여주며
기다려 주는 것이

아픔과 상처를 딛고
스스로 일어나도록
격려해주는 일이다
응원해주는 일이다.

2020. 12. 30.

친구와 노래

친구와 노래는 부를수록 그립고
친구와 노래는 부를수록 먹먹하다

세월 따라 다 닳아 바래져도
세월 따라 다 닳아 삭아져도

친구와 노래는 부를수록 아쉽고
친구와 노래는 부를수록 애잔하다.

2020. 3. 16.

2.

사랑

사랑

넌, 꽃이야
이슬에 떨어질 거면서
환상만 갈구하니까

넌, 눈이야
햇볕에 녹아들 거면서
순정만 염원하니까

넌, 놀이야
어둠에 풀어질 거면서
낭만만 동경하니까

넌, 별이야
먼동에 스러질 거면서
영원만 열망하니까.

2020. 3. 15.

열정과 사랑

매일 반복되는 일상의 무료함을 달래라고
해는 떴다 지고
달도 찼다 기울고
기쁨과 슬픔이 오가고
만남과 이별도 찾아옵니다

그러나
매번 계절이 바뀌고 바뀌어
세월의 두께가 켜켜이 쌓여도
영원히 변하지 않는 것은
그대 가슴 속의 열정과 사랑

그대와 내가 걸어갈 길이 달라
그대와 내가 다른 울타리를 만들고
그대가 내 곁을 떠나가게 되더라도
그대가 내 기억에
온전히 남아있는 이유는

불같은
그대 가슴속의 열정과 사랑이
내 가슴속에서
여전히 불타오르고
꽃처럼 피어있기 때문입니다.

2020. 3. 15.

비 상

자유롭게 날아다니다
내 둥지로 들어와
날개를 잃어버린 그대

기쁘게만 날아다니다
내 둥지로 들어와
눈물을 알아버린 그대

행복하게 날아다니다
내 둥지로 들어와
불행을 느껴버린 그대

사랑은 구속 아닌 자유이거늘
사랑은 눈물 아닌 기쁨이거늘
사랑은 불행 아닌 행복이거늘

이제 무던하고 온유했던 그대에게
내 둥지를 열어주고
사랑의 날개를 달아드리오니

지난 시름 바람에 날려버리고
희망이 가득한 하늘로
비상하소서, 비상하소서.

2020. 4. 25.

인연

옹달샘에서 샘솟아
긴 여울과 강물을 지나
바다가 되어서야 만난 두 사람

맑고 순수한 열정과
지고지순한 인내와 배려로
사랑을 알고서야 만난 두 사람

달을 품은 해같이
가슴 벅찬 희망으로
그동안 꿈꾸던 내일을 이루소서

해를 품은 달같이
가슴 벅찬 감동으로
그동안 꿈꾸던 행복을 이루소서.

2020. 4. 10.

이 별

먼저 떨어지는 잎새는
단지 먼저 싹이 나왔을 뿐
결국은 모두 떨어지는 것을
결국은 모두 헤어지는 것을

다행인 것은
새싹은 다시 돋아나고
나온 잎새는 이별을 망각한 채
또 마냥 마음이 푸르러진다는 것

다행인 것은
만남은 다시 계속되고
우린 이별의 아픔을 망각한 채
또 마냥 마음이 부풀어진다는 것.

2020. 4. 2.

그대는 바람처럼 떠나가면 그만이지만

그대는 바람처럼 떠나가면 그만이지만
덩그러니 남은 난
그대가 머물렀던 공간과
그대와 지내왔던 시간을 잊지 못해
긴긴밤을 한숨과 눈물로 뒤척이며
애잔하게 가슴에 스며드는
허전함을 삼키고 삼켜야 합니다

그대는 바람처럼 떠나가면 그만이지만
덩그러니 남은 난
그대가 보여줬던 열정과
그대와 노래했던 희망을 잊지 못해
먹먹해진 마음을 눈물로 닦아내며
애처롭게 가슴에 파고드는
쓸쓸함을 삭이고 삭여야 합니다

그대는 바람처럼 떠나가면 그만이지만
덩그러니 남은 난
그대가 속삭였던 사랑과
그대와 함께했던 추억을 잊지 못해
안타까운 인연을 눈물로 곱씹으며
애틋하게 가슴을 적셔오는
보고픔을 달래고 달래야 합니다

그대는 바람처럼 떠나가면 그만이지만
덩그러니 남은 난
그대가 베풀었던 배려와
그대와 나누었던 미소를 잊지 못해
안쓰러운 이별을 눈물로 원망하며
애절하게 가슴에 차오르는
그리움을 비우고 비워야 합니다.

2020. 9. 20.

그대보다 내가 그대를

그대와 헤어지면서
그대를 차마 쳐다보지 못하는 것은
그대를 차마 미워하지 못하는 것은
그대보다 내가 그대를 더 사랑하기 때문이라오

그대와 헤어지면서
자꾸 뒤쪽을 돌아보는 것은
자꾸 눈가를 훔쳐내는 것은
그대보다 내가 그대를 더 사랑하기 때문이라오

그대와 헤어진 후에
그대가 아직도 눈가에 떠도는 것은
그대가 아직도 머리에 맴도는 것은
그대보다 내가 그대를 더 사랑하기 때문이라오

그대와 헤어진 후에
매일 꿈속을 방황하는 것은
매일 날밤을 지새우는 것은
그대보다 내가 그대를 더 사랑하기 때문이라오.

2020. 3. 15.

내 삶을 다하고도 하루가 더 주어진다면

내 삶을 다하고도 하루가 더 주어진다면
난 사랑스런 그대를 더욱더 사랑하리

봄볕에 잔설 같은 탐욕을 버리고
바람에 고요 같은 가식을 버리고

파도 속 포말 같은 미련이 다 없어질 때까지
들판 속 잡초 같은 인연이 다 끊어질 때까지

가슴 가득히 울려 퍼지는 열정으로
영혼 가득히 울려 퍼지는 정념으로

난 사랑스런 그대를 더욱더 사랑하리
내 삶을 다하고도 하루가 더 주어진다면.

2020. 9. 18.

영원한 사랑

그녀를 사랑해
모든 걸 다 잃어도

그녀를 사랑해
모든 게 다 끝나도

그녀를 사랑하리
그녀를 사랑하리

그녀를 사랑해
이 세상 바닥에 떨어져도

그녀를 사랑해
이 세상 끝까지 가더라도

그녀를 사랑하리
그녀를 사랑하리.

2020. 4. 13.

석 별

담 모퉁이 돌아가는 치맛자락처럼
보일 듯 말듯
설핏
스치며 지나가

골목어귀 돌아가는 바람자락처럼
잡힐 듯 말듯
언뜻
스치며 지나가

더 그리운
더 애달픈
우리네 소중한 만남
우리네 소중한 인연

그리고 늘
새벽 물안개처럼
느닷없이 다가온
그 끝자락의 끄트머리, 석별.

2020. 3. 27.

내 이름과 함께

만남과 이별이 인연이고
점철된 인연의 연속이 삶이며
켜켜이 쌓여진 삶의 두께가 세월인데

그 삶의 세월 속에
후회와 미련은 반백의 머리칼과 함께
망각의 바람으로 날려버리고

내 삶의 보람과 자부심만
아직도 피가 끓는 내 가슴 속에
아직도 꿈이 남은 내 가슴 속에

자랑스러운 내 이름과 함께
보석처럼 빛나게 하옵소서
죽는 날까지 빛나게, 빛나게.

2020. 3. 15.

시나브로, 시나브로

먼 훗날
그대의 기억 속에

내 얼굴과
내 이름이 가물거리며

입가에 희미한 미소만 떠오르고
귓가에 희미한 음성만 들려오고

시나브로, 시나브로 잊어지더라도
시나브로, 시나브로 사라지더라도

그대 가슴에 꽃처럼 남고 싶다
그대 마음에 별처럼 남고 싶다.

2020. 3. 15.

언제까지, 언제까지 그대와

만남에 애틋함을 담아
인연이 되고
그 인연에 끝을 잡고서라도
언제까지, 언제까지 그대와 같이 있고 싶습니다

이별에 그리움을 담아
미련이 되고
그 미련에 끝을 잡고서라도
언제까지, 언제까지 그대와 같이 있고 싶습니다

만남과
이별이
운명의 장난이라
피치 못하게 헤어져도

인연과
미련이
사랑의 장난이라
피치 못하게 떠나가도

세월의 갈피 속에
그대를 꼭꼭 숨겨놓고
그 추억에 끝을 잡고서라도
언제까지, 언제까지 그대와 같이 있고 싶습니다.

2020. 3. 15.

더 큰 숲으로 가슴을 열고

우리는 그대가 끝없이
사랑했음에도 불구하고
그리워했음에도 불구하고
배려했음에도 불구하고

여우비처럼 스치고 지나갔지만
무지개처럼 스치고 지나갔지만

먼 세월 지나
그리움에 지쳐 그대를 찾았을 때

그대는 여전히
큰 나무로 서서
아니
더 큰 숲으로 가슴을 열고

지친 우리를
찌들은 우리를

더 사랑하지 못해
더 그리워하지 못해
더 배려하지 못해

또 손을 뻗어
또 마음을 뻗어
조금 더
큰 숲으로 가슴을 열고.

2020. 3. 15.

덕수궁 돌담길

지금도 그 사람은 덕수궁 돌담길을 걸어가고 있을까?

치미는 시름을 가슴으로 막고
빗물에 젖은 희뿌연 물안개 속으로

북받친 설움을 목울대로 막고
빗물에 젖은 가로등 불빛들 사이로

차오른 회한을 눈꺼풀로 막고
빗물에 젖은 회색빛 담벼락 끼고서

지금도 그 사람은 덕수궁 돌담길을 걸어가고 있을까?

2020. 3. 15.

그대 곁에

만남에 의미를 담아 인연이 되고
그 인연의 마지막 순간까지
그대 곁에, 그대 곁에 있고 싶습니다

인연에 배려를 담아 사랑이 되고
그 사랑의 마지막 순간까지
그대 곁에, 그대 곁에 있고 싶습니다

사랑에 진심을 담아 영원이 되고
그 영원의 마지막 순간까지
그대 곁에, 그대 곁에 있고 싶습니다.

2020. 4. 13.

잊어진 존재로

먼 훗날
기억을 떠올려도
얼굴과 이름이 가물거리며
입가에 희미한 미소만 그려지는
잊어진 존재로 그대 가슴에 남고 싶다

먼 훗날
추억을 떠올려도
사랑과 낭만이 가물거리며
귓가에 희미한 음성만 들려오는
잊어진 존재로 그대 마음에 남고 싶다.

2020. 3. 15.

헤어진 후에

종종 소식을 듣겠지
너를 그리워하다보면

종종 보고도 싶겠지
비가 내리는 날이면

종종 후회도 되겠지
잠이 안 오는 밤이면

종종 잊어도 되겠지
너를 가슴에 묻고 있으면.

2020. 3. 22.

이렇게 떠날 거면

이렇게 떠날 거면
사랑도 미움도 만들지 말 걸

이렇게 떠날 거면
욕심도 교만도 부리지 말 걸

이렇게 떠날 거면
추억도 미련도 남기지 말 걸

이렇게 떠날 거면
이별할 연습도 서둘러 할 걸.

2020. 3. 15.

3.

세월

세 월

바람 따라 구름이 흘러가듯
세월이 가는 것 같지만

인연 따라 인연이 이어지듯
세월이 가는 것 같지만

세월은 슬픔이란 매듭이 있어
쉽게, 쉽게 가지 않네

바람 따라 파도가 흘러가듯
세월이 가는 것 같지만

사랑 따라 사랑이 이어지듯
세월이 가는 것 같지만

세월은 눈물이란 매듭이 있어
쉽게, 쉽게 가지 않네.

2020. 3. 15.

인생

산굽이 감도는
구름자락을
겨우 동여매고
질기게 매달려
벼랑 끝까지 다가가야
보일 듯 말 듯

해안선 감도는
안개자락을
겨우 움켜쥐고
질기게 매달려
바다 끝까지 다가가야
잡힐 듯 말 듯

모퉁이 감도는
바람자락을
겨우 부여잡고
질기게 매달려
들판 끝까지 다가가야
닿을 듯 말 듯.

2020. 3. 15.

청춘

세월이 흘러
굵어지는 주름에
혜안이 침침해지고
머리가 하얗게 세어도
마음만은 늘 청춘입니다

세월이 흘러
멀어지는 인연에
만남이 소원해지고
이별을 덤덤히 넘겨도
마음만은 늘 청춘입니다

세월이 흘러
급변하는 현실에
적응이 힘들어지고
과거에 머물러 있어도
마음만은 늘 청춘입니다

세월이 흘러
비워버린 가슴에
회한이 넘쳐흐르고
설움을 삭이고 삭여도
마음만은 늘 청춘입니다.

2020. 9. 20.

영원한 청춘을 꿈꾸며

노을보다 여명이 더 찬란하고
낙엽보다 꽃잎이 더 화사한 것은

혼자보다 여럿이 더 유쾌하고
이별보다 만남이 더 익숙한 것은

세월이 아무리 흘러도
바위처럼 영원히 변하지 않을
청춘이 마음에 박혀있기 때문입니다.

햇살보다 빗물이 더 감미롭고
겨울보다 봄날이 더 설레는 것은

늙음보다 젊음이 더 싱그럽고
미움보다 사랑이 더 정겨운 것은

세월이 아무리 흘러도
친구처럼 영원히 떠나지 않을
청춘이 꿈처럼 남아있기 때문입니다.

2020. 3. 15.

나무

나무는
누가 시키지 않아도
빗물로
가지 끝, 새싹까지 돋우는데
욕심 많은 인간은
그렇게 희망을 나눌 수 있을까?

나무는
누가 시키지 않아도
햇살로
가지 끝, 꽃잎까지 피우는데
욕심 많은 인간은
그렇게 사랑을 나눌 수 있을까?

나무는
누가 시키지 않아도
하늬로
가지 끝, 단풍까지 만드는데
욕심 많은 인간은
그렇게 은혜를 나눌 수 있을까?

나무는
누가 시키지 않아도
눈으로
가지 끝, 눈꽃까지 피우는데
욕심 많은 인간은
그렇게 축복을 나눌 수 있을까?

2020. 3. 15.

세월의 너울

바람 따라 밀려오는 너울 속에
순간순간 겹쳐지는 파도처럼

건잡을 수 없는 순간과
피해갈 수 없는 순간의 뒤엉킴이 세월인 것을

달콤한 순간은 오래 머물 길
애달픈 순간은 빨리 흐르길 바라지만

어떤 순간도
모두 소중한 순간, 순간

우린 세월의 너울 속에
그 순간들을

너무 빨리 망각하지는 않았는지
너무 빨리 추억 속으로 밀어 넣지는 않았는지.

2020. 4. 16.

뚝! 뚝! 뚝!

뚝! 뚝! 뚝!
떨어지는 꽃잎은
뚝! 뚝! 뚝!
떨어지는 낙엽은
석별에 골을 만들고

뚝! 뚝! 뚝!
떨어지는 빗물은
뚝! 뚝! 뚝!
떨어지는 눈물은
미련에 골을 만들고

뚝! 뚝! 뚝!
떨어지는 미련은
뚝! 뚝! 뚝!
떨어지는 추억은
회한에 골을 만들고.

2020. 4. 16.

단풍잎

세월이 흘러
나이를 베어 먹고
미간에 주름살이 겹쳐와

청춘이 흘러
젊음을 베어 먹고
가슴에 외로움이 밀려와

나이를 찾으려고
젊음을 찾으려고
시간을 거슬러 올라갈수록

지난날의 열정과
지난날의 젊음이
재현되지 않아

메마른 가지 끝에
붉디붉은 단풍잎으로 매달린 채
바람에 몸을 맡긴다.

2019. 10. 6.

단풍 · 1

이른 봄
새잎을 틔웠음에도 불구하고

긴 여름
햇살을 받았음에도 불구하고

꽃을 피우지 못해
열매를 맺지 못해

졸인 마음을 검붉은 가슴속에 담아
타는 설움을 검붉은 눈동자에 담아

산이 떠나가도록
계곡이 넘치도록

울고 있더이다
울고 있더이다.

2020. 3. 31.

단풍 · 2

덧없이 흘러간 젊음이
못내 아쉬워
못내 서러워

마지막 남은 열정을
빨갛게 빨갛게
태우고 태우며

메마른 가지 끝에
겨우, 겨우 매달려
바람에 몸을 맡기다

노을빛 강물 위로
떨어지고 마는 넌
단풍, 단풍.

2020. 12. 9.

봄

봄이 오면
꽃이 피고
새가 울고
바람이 불고
봄비가 내린다

봄이 가면
꽃이 지고
새가 울고
바람이 불고
꽃비가 내린다.

2020. 4. 15.

봄 날

봄이 돼서 꽃이 핀 걸까?
꽃이 펴서 봄이 온 걸까?

꽃이 펴도 봄이 아닌 것처럼
봄이 와도 봄이 아닌 것처럼

일장춘몽 같은 봄날은
한단지몽 같은 봄날은

늘 우리네 희망같이
늘 우리네 인생같이

언제 왔는지 모르게
언제 갔는지 모르게

바람처럼 스치듯 지나간다
구름처럼 무심히 흘러간다.

2020. 4. 14.

비가 오는 날

비가 오는 날
우산을 쓰면서
비가 오지 않는 날에도
우산을 썼음을 깨닫는다

작은 우산 속에 세상이
작은 우산 속에 행복이
비에 씻겨 흐를까봐
바람 따라 떠날까봐

비가 오지 않아도
비올 때보다 더 큰 우산으로
하늘을 가리기에
급급했음을 깨닫는다.

2020. 3. 15.

비 오는 아침

비 오는 아침
커피를 마시며 상념에 빠져든다
오늘과 다시 못 올 지난날과 먼 미래까지
나에게 주어진 시간 속을 오가며
가족과 벗들과 가벼운 스침으로 만난 사람까지
하나 둘 떠올려본다

그러다 불현듯
길던, 짧던 다정한 얼굴로 날 바라보며
내 신산한 삶의 여정에 동행해주었던 그들 속에
내가 소중한 인연으로 존재하고 있음을
아니, 내가 그들 덕에 보석처럼 빛나고 있음을
새삼 감사하며 빗물 젖은 창문을 활짝 열어본다
내 마음까지도.

2020. 6. 18.

크리스마스

크리스마스는 아직 오지 않았어
캐럴과 함께 돌아가는 크리스마스트리의
화려한 전구 불꽃이 아무리 빛나도

크리스마스는 아직 오지 않았어
산타클로스는 없다고 믿으면서도 기적을 믿는
보육원 어린이의 긴 양말 속에도
빚더미에 도망간 부모 대신 어린 동생을 돌보는
소녀가장 누이의 라면 스프 속에도
높은 상아탑에 좌절하면서도 또 학원가를 쏘다닐 수밖에
없는 재수생의 체념 속에도
절망에 익숙해진 가슴으로 입사원서를 가지고 돌아다니는
지방대 취업생의 목덜미 속에도

크리스마스는 아직 오지 않았어
청춘을 회사에 다 바치고 골바람 부는 빌딩 사이를
배회하는 실직자의 암울함 속에도
난치병에 걸린 아이의 손을 잡고 퇴원을 고대하는
어머니의 텅 빈 가슴 속에도
죽은 아들을 기다리는 쪽방촌 독거 노파의
그렁그렁 고여 있는 눈물 속에도
할머니를 먼저 보내고 해소 기침을 하며 약봉지를 집어든
할아버지의 깊은 외로움 속에도

크리스마스는 아직 오지 않았어
십자가에 원추형으로 줄줄이 매달려 있는
화려한 전구 불꽃이 아무리 빛나도.

2020. 3. 16.

새해의 격랑 속으로

타래같이 얽히고설킨 삶에
끝이 어디 있습니까?
속절없이 흘러가는 세월에
멈춤이 어디 있습니까?

줄기차게 돌아가는 물레방아처럼
숨 가쁘게 돌아가는 쳇바퀴처럼
끝이 없는 삶이고
멈춤 없는 세월이기에

세밑의 끝자락이 되어서도
타래 한 올 풀어내지 못하고
다시 희망에 희망을 쫓으며
새해의 격랑 속으로 빠져듭니다

지금보단 좀 더 나아지겠지
지금보단 좀 더 평안하겠지
지금보단 좀 더 행복하겠지
간절히 축원하고 축원하면서

2020. 12. 30.

4.

삶

삶

활짝 핀 꽃보다
시든 꽃이 더 자연스러운

왁자한 기쁨보다
우울한 슬픔이 더 자연스러운

벌거숭이 여름보다
이 시린 겨울이 더 자연스러운

새로운 만남보다
이별의 눈물이 더 자연스러운.

2020. 3. 15.

흘러가는 중랑천을 바라보며

옹달샘에서 뽀글뽀글 솟아오르는 물은
맑음을 잘난 체하며 앞으로만 흐릅니다

어떤 물은 잘 가꾸어진 수로를 따라
막힘없이 시원하게 흐르고

어떤 물은 바위와 풀숲에 부딪히며
흙탕물로 굽이쳐 흐릅니다

그러나 세월이 흐르면 모두
의미 없는 존재로, 흔적 없는 존재로

강물에 마구 뒤섞여
바다로, 바다로 흘러갑니다

지금 난
어디쯤 흘러가고 있을까?

중랑천을 지나 강물 초입에
조금씩 발을 들이밀고 있는 것일까?

아니면, 강물을 지나
벌써 바다로 흘러 들어간 것은 아닐까?

2020. 3. 29.

방황(彷徨)

한낮
잔잔한 피아노 선율에
양염(陽炎) 속
먼지처럼
피어오른 나비는
빈 들판을 너울거리다
먼 기적소리 뒤
소용돌이 바람에
연기처럼 풀어져버린
놀빛 꿈을
여린 가슴에 가까스로 보듬고
어스름 기다리는 달맞이꽃
닫은 꽃잎에
하릴없이 입술을 내민다

한밤
그윽한 색소폰 음률에
해무(海霧) 속
먼지처럼
가라앉은 나비는
빈 바다를 기웃거리다
먼 고동소리 뒤
소용돌이 파도에
거품처럼 풀어져버린
달빛 꿈을
시린 가슴에 가까스로 보듬고
갓밝이 기다리는 해맞이꽃
닫은 꽃잎에
하릴없이 입술을 내민다.

2020. 3. 15.

반추

아침에 일어나면 눈을 감은 채 이빨을 닦고
출근길 자동차 바퀴 사이로 결혼기념일은 빠져나가고
차창으로 흘러가는 그리운 얼굴들은
멀어지는 구급차 사이렌 소리처럼 점점 아련해지고
성난 말같이 갈기를 흩날리며 앞만 보고, 앞만 보고 달려와
손대면 '핑!' 끊어질 외줄 철사 인생

처진 눈주름 갈피로 비어져 나오는 날숨 같은
하루하루 중에서
결코 재현할 수 없는 파란만장한 질곡의 여정 중에서
가장 짧았던 순간은
헤어지려고 돌아선 골목길 모퉁이에서
그녀와의 마지막 키스 때
가장 길었던 순간은
깎아지른 절벽 밑 좌절의 늪에서
죽음보다 질긴 희망을 이어갈 때. 2020. 3. 15.

돈과 명예

술을 많이 먹으면 취하듯
세월도 많이 먹으면 취해
시간에 점점 무덤덤해지지

그런데 아무리 많이 먹어도
취하지 않는 게 있네
그건 돈과 명예인데

그건 먹으면 먹을수록
롤러코스터 같이
천당과 지옥을 오가게 하지.

2020. 12. 31.

그래도 모자라

지루함을 없애려고
새로움에 설레려고
지난 것을 매듭지려고
희망에 희망을 이어가려고
아침을, 요일을, 새달을, 새해를 만들고

그래도 모자라
인연을, 친구를, 사랑을, 가정을 만들고
그래도 모자라
여행을, 곡주를, 예술을, 종교를 만들고
그래도 모자라
번민을, 갈등을, 회한을, 성찰을 만들고

또 그래도 모자라
또 그래도 모자라

밋밋함을 없애려고
아쉬움을 달래려고
묵은 것을 씻어내려고
소망에 소망을 이어가려고
아침을, 요일을, 새달을, 새해를 만들고.

2020. 3. 15.

꽃이 꽃다운 것은

꽃이 꽃다운 것은
누가 시키지 않아도
사랑을 나눌 줄 알기 때문

꽃이 꽃다운 것은
누가 원하지 않아도
낭만을 즐길 줄 알기 때문

꽃이 꽃다운 것은
누가 이루지 않아도
희망을 보일 줄 알기 때문

꽃이 꽃다운 것은
누가 바라지 않아도
행복을 보낼 줄 알기 때문.

2020. 4. 16.

균 형

새가 좌우 날개 균형을 맞춰
지평선 끝까지
날아가듯이

비행기가 좌우 날개 균형을 맞춰
수평선 끝까지
날아가듯이

좌파, 우파 양쪽 균형을 맞춰
원래 한 뿌리였던
이념의 끝까지 날아갔으면

진보, 보수 양쪽 균형을 맞춰
원래 한 뿌리였던
행복의 끝까지 날아갔으면.

2020. 3. 13.

상생의 여정

뜨거운 광장의 열기와
광기어린 촛불의 열기 속에
세상이 기우는 순간
편견과 아집으로 점철되고
위선과 모순으로 합리화된 세상은
오로지 하나의 길로만 폭주하기 시작했다

견강부회와 아전인수로 만들어낸
내로남불 적폐로 역사와 진실은 매몰되고
공과 사를 초월한 탐닉의 배설물로
썩은 내가 진동하는 권력의 강은 도도하게 흐르고
난데없이 장님과 벙어리가 되어버린 사람들은
침묵을 삼키며 창문을 닫기 시작했다

아! 언제나 광풍이 불어
굳게 닫힌 마음을 열고
모두가 한마음으로 화합해
흘러가는 구름과 함께 하늘을 나는 새처럼
자유롭고 평화로울 수 있을까?
상생의 여정을 떠날 수 있을까?

2020. 3. 15.

지구가 둥그레

지구가 둥그레
우리는 모든 걸 네모로 만든다
요람도, 건물도, 심지어 주검거둘 목관까지도

지구가 둥그레
우리는 모든 걸 울안에 가둔다
가족도, 종교도, 심지어 생각하는 자유까지도

지구가 둥그레
우리는 모든 걸 가슴에 감춘다
욕망도, 좌절도, 심지어 사랑하는 마음까지도

2020. 3. 16.

지구는 지금도 돌고 있다

처음에 지구는 네모모양이었으며 돌지도 않았다
밤은 아예 없었고, 지구 어느 곳이나 태양빛을 일정하게 받아 날씨는 늘 따뜻하고
호수 또한 유리같이 맑고 잔잔했으며
인간들의 피부색, 생김새도 모두가 비슷하면서 건강하였다
풍요로운 식량에 인간들의 삶은 평화로웠고
일상은 태평의 반복이었다
몇몇 인간들이 그 무미건조함을 못 견뎌 자살을 시도하더니
그것도 유행처럼 번져 천국은 주검으로 넘쳐났다
그러자 천국에 있는 신들은 지구와 천국을 구분할 필요가 느껴졌고
네모난 지구를 둥글게 만들어 휘파람을 불면서 돌려버렸다
난데없이 칠흑 같은 어두운 밤이 찾아왔고
지구가 돌면서 고여 있던 호수는 넘쳐흘러 평지풍파를 일으켰으며
돌면서 튕겨져 나온 물방울은 구름이 되어 모여 있다가

비나 눈이 되어 다시 지구로 파고들었다
물로 인해 가파른 절벽과 협곡이 생기면서
높은 곳은 산이 되었고
얕은 평야는 강과 바다가 되었다
자연히 태양빛을 받는 양에 따라 비옥한 땅과 황무지가 생겼으며
인간들의 음식, 피부색, 생김새, 생각까지 다양하게 변했다
평화롭기만 했던 인간들은 신이 생각한 대로
천국에 올라올 생각은 잊어버리고
서로 지지고 볶고 하면서 좋은 땅을 차지하려고 싸우기 시작했다
무기개발을 위해 과학이 발달했고 길이 열리면서
말과 마차가 달리기 시작했다
욕심 많은 몇몇 인간들은 욕심 없는 인간들의 땅을 빼앗게 됐고
그 땅을 지키기 위해 약한 인간에게 족쇄를 채우는 법을 만들고 계급을 만들었다.
그래도 욕심은 끝이 없어 생각과 욕심이 비슷한 다른 놈들과
때론 싸우면서, 때론 화해하면서 울타리를 넓혀갔으며

그 울타리를 표시하는 높은 성을 쌓고 파발과 봉화로
연락을 주고받았다
천국의 신들이 욕심 많은 그들을 벌하려 내려오자
그들은 신을 죽이고
여러 종교를 만들어 영혼까지 지배하였다
그리고 자신들에게 반항하는 인간들을
순하게 길들이기 위해
교육을 만들어 충성하는 천재를 길렀고
사랑의 묘약을 뿌려 섹스하게 하고
예술을 만들어 탐미하게 만들고
옷과 보석을 뿌려 심취하게 하고
달리기와 격투기를 즐겼으며
높은 곳과 후미진 곳을 탐험하게 하는 등 에너지를 소비
하게 만들었다
그리고 그들은 자신들의 생명을 연장하기 위해 닥치는 대로
동물의 고기와 피를 비롯해 식물의 약즙까지 빨아 먹으며
생태계를 파괴하였다
지구를 둥글게 만들어 지구를 몇몇 욕심 많은 인간들에게
빼앗겨 버렸다고 생각한 신들이 뒤늦게 땅을 내리치면서
화산과 지진을 통해 지구를 마구 패대기쳤지만

순하고 약한 인간만 폐허더미 밑에 깔리고
그들은 기적이라는 이름으로 잘 견뎌나갔다

세월이 흘러도 지구는 여전히 물방울을 흘리며 잘도
돌아갔으며
인간들의 욕심은 점점 눈덩이처럼 커져갔다
욕심 많은 인간들은 천재들을 동원해
총과 폭탄을 만들고 핵탄두미사일까지 만들었으며
하늘과 바다와 우주까지 연결되는 길을 만들어
자동차, 비행기, 잠수함, 우주로켓까지 만들었다
땅을 넓히려고 싸우던 그들은 이번엔 바다와 하늘을
가지려고 싸웠으며
그것을 지키기 위해 국제기구를 만들어 불가침조약을 맺고
자신들의 이익에 따라 언어와 화폐를 통해 이합집산하면서
글로벌이라는 명목 아래 무선전화, 레이더, 인공위성을
만들었다
그들은 자신의 입맛대로 종교혁명을 통해 새 종교를
만들어 믿게 했으며
그 권위를 인정받기 위해 점점 화려하고 높은 건물을
쌓아올려 영혼을 현혹시켰다

또 더 거세게 반항하는 인간들을 길들이기 위해
지구전체를 슈퍼컴퓨터로 교묘하게 제어하면서
인터넷포털사이트를 만들어 충성하는 여론을 조성하고
사랑의 마약을 뿌려 희로애락에 허덕이게 했고
겉핥기에 식상한 예술을 정신분석으로 승화시켜 예술과
외설을 헷갈리게 하고
똑같은 얼굴, 똑같은 몸매를 강요하며 성형과 다이어트를
퍼뜨리고
명품이라는 이름으로 속옷, 겉옷, 가방, 보석을 만들어
눈이 멀게 하고
지구와 같은 공을 만들어 수시로 열광하게 하고
해저와 극지를 탐험하게 하는 등 에너지를 소비하게
만들었다
그리고 그들은 자신들의 생명을 연장하기 위해
복제 동물을 만들어 내장을 재생하고 피까지 빨아먹으며
자연의 섭리에서 벗어났다
지구를 둥글게 만들어 지구를 몇몇 욕심 많은 인간들에게
빼앗겨 버렸다고 생각한 신들이 뒤늦게 한숨을 쉬면서
엘니뇨, 라니냐, 쓰나미와 사스, 메르스, 에볼라,
코로나를 퍼트려

지구를 혼란의 소용돌이 속에 던져버렸지만
굶주리고 착한 인간만 허우적거릴 뿐
욕심 많은 인간들은 희망과 구원이라는 이름으로
잘 견뎌나갔다

그래서 지금도 지구는 몇몇 욕심 많은 인간들의 뜻대로
잘 돌아가고 있으며
가난한 인간들은 삐거덕거리며 도는 물레방아 같은
운명에 순응하며
산소가 부족한 어항에서 입을 벙긋거리며
수면 위로 떠오르는 금붕어처럼
숨 가쁘게 살아가고 있다.

2020. 9. 27.

언제부턴가

언제부턴가 길거리에 둥둥
마스크만 떠다니고 있다

깔깔거리는 미소도 감추고
훌쩍거리는 눈물도 감추고

과거에 대한 회한도 망각하고,
미래에 대한 희망도 상실하고

크게 숨 한 번 뱉지 못한 채
아우성을 침묵으로 일관한 채

사랑과 영혼까지 말라버린
빈껍데기 유령들이

언제부턴가 길거리에 둥둥
코로나와 떠다니고 있다.

2020. 12. 21.

천국(天國)의 문(門)

여보게,
천국에 가 보았나?

거긴
선남선녀가 넘쳐나고
명품 옷과 예쁜 보석
달콤한 술과 맛난 음식이
지천에 쌓여 있어
지위 고하를 막론하고
양껏 취하면 되지
그러다보니 탐욕도 없고
서로 미워하지도 않고, 사랑하지도 않지

그래서 인간들은 사랑을 찾아
지상으로 내려오려고
모든 것을 베풀고
모든 것을 사랑하며
허덕거리며 올라왔던
천국의 문으로 다시 몰려든다네
그래서 거긴
내려오는 사람과
올라가려는 사람으로 늘 붐빈다네.

2020. 3. 16.

추모사

큰 나무 같았던 친구에게

해성아!

아무런 예고도 없이 갑자기 떠나버린 네가 너무 야속하기만 하고 두 번 다시 널 볼 수 없다는 것이 아직도 실감이 나질 않는다.

너의 번호를 지우려니 작별 인사라도 해야 할 것 같아 하늘에 있는 너에게 내 마음을 전한다.

그저 살아오는 동안 나 자신의 생활 속에만 갇혀 바쁘다는 핑계로 자주 만나보지 못하고 편안한 마음 한번 제대로 전하지 못한 것 같고 편하고 즐거운 시간을 더하지 못한 것이 못내 아쉽기만 하구나.

나 또한 떠날 때는 혼자가 되겠지만 너를 떠나보내야 하는 난 많이 힘들구나.

누구보다도 날 이해해주었고 무한한 신뢰감을 주었던 너였는데 그런 네가 없는 나의 삶이 어떨는지 가늠이 되질 않는다.

지난 50여 년의 세월 동안 함께해왔던 시간들이 고마웠고 나의 가장 가까운 친구로서 곁에 있어 준 것이 행복했다.

그동안 열심히 살아왔고 고생 많았다. 이젠 모든 걸 다 내려놓고 편하게 쉬거라.

네가 없이 혼자 살아갈 착하고 예쁜 마누라가 걱정이 되겠지만 내가 살아 있는 한 도울 수 있도록 노력하겠다. 무탈할 수 있도록 하늘나라에서 잘 지켜 주거라.

그동안 많이 사랑했고 너란 친구가 있어 행복했다.

편히 쉬거라.

2021년 9월 29일(수)

50년 지기 김완석

유고시집을 펴내고

돌연사는 남에게나 일어나는 일인 줄 알았다.

'잠자듯이 편안하게, 모두가 아쉬워할 때, 좋은 모습만 기억하도록 잘~ 가신 거야. 맘은 아프겠지만 시간이 해결해 줄 거예요. 힘내세요.'

나를 위로한다고 주위에서 한마디씩 하던 말이었다.

당시엔 아무 말도 들리지 않았고 청천하늘에 날벼락이란 말이 어떤 말인지 실감이 났다. 한동안은 먹을 수도 잠을 잘 수도 없었는데 직장은 바쁠 때라 쉬지도 못하고, 어디를 봐도 그가 있었던 공간이고 같이 했던 시간, 장소, 노래, 음식 등이 떠올라서 숨쉬기가 곤란할 때도 있었다. 혼자 맘껏 몰래 울 공간이 그나마 출퇴근하는 차 안이었다. 운전하면서 엉엉 소리 내서 울면 신호등에 서 있을 때 맞은편 운전자가 뚫어져라 쳐다볼 때도 있었지만 아랑곳하지 않았다. 그나마 코로나로 마스크를 쓰던 때라 얼마나 다행이었는지 모른다.

빨개진 코랑 충혈된 눈을 다소나마 감출 수 있었으니…….

남편은 4형제의 장남이자 집안의 장손으로 누구보다 건강하고 든든히 그 자리를 지켜왔으며 집안의 대소사를 책임지고 맡아 해오면서 기둥으로서의 역할을 다했기에 그의 갑작스런 죽음은 집안의 모든 친인척들에게도 믿기지 않는 일이었다.

학교생활도 부장 교사를 오랫동안 했고 퇴임 직전까지 친목회장을 하면서 여러 교사들의 귀감이 되었으며 퇴임 전 마지막 한 학기는 체육교과를 할 정도로 의욕이 넘쳤고 누구보다도 아이들을 사랑했다. 모임도 여러 개를 나가면서 총무나 연락을 도맡아 하며 분위기를 주도하는 사람이었다. 재직하던 학교에서 명예 퇴임식을 할 때는 직접 기타를 치면서 축가를 부르기도 했다.

그래서 그를 기억하는 많은 사람들이 그의 죽음을 안타까워했고 중학교에 진급한 제자들과 학부모들까지 소식을 듣고 장례식장을 찾아왔었다. 50년 넘게 이어온 고등학교 동창 모임의 여러 친구들은 끈끈한 정을 잊지 못해 오랫동안 아파했다.

1년이 지나고 2주기가 다가오면서 그를 위해 무언가를 해야 그나마 마음에서 놓아줄 수 있을 것 같았다. 평소에 써 놓았던 작품들을 살아 있을 때는 바쁘다는 핑계로 읽어봐 주지도 않았는데 무심했던 나 자신을 후회하면서 읽기 시작했다. 신춘문예나 각종 문학상 등에 공모한 것은 주로 소설이어서 소설만 있는 줄 알았는데 시가 있었다. 언제 썼는지는 확실치 않지만 재직 중 틈틈이 명예퇴직 교사를 위한 헌정 시 등을 써왔던 터라 일부는 그때 것이고 나머지는 퇴직 후 홀로 외로운 시간을 보내면서 쓴 시 같았다.

시를 읽으면서 내내 그 마음이 헤아려지고 외로움이 느껴져서 또 혼자 눈물을 흘렸다. 사랑과 이별에 대한 시들은 꼭 남겨진 나를 위해 쓴 시처럼 가슴에 와 닿아서 읽다가 끝까지 못 읽을 때가 많았다.

이제야 겨우 맘을 추스르고 2주기를 맞아 더 늦기 전에 이 시들을 세상에 내놓을 수 있어서 감사하게 생각한다. 시집을 준비하는 동안 『문학시대』 신인상 소식까지 날아왔다. 하늘에 있는 남편도 못다 한 소원을 이루었으니 기뻐하리라 믿는다.

어찌해야 할지 고민만 하고 막막할 때 도와주신 동화작가이자 동료인 김혜영 선생님, 권진아 선생님, 그리고 대표작을 뽑아주시고 힘을 보태 주신 존경하는 권용태 시인님께 이 지면을 통해서나마 깊은 감사의 말씀을 전합니다.

- 작가 정해성 선생님의 아내 양은경 씀 -